Detrás del Acero
Una vida, cinco épocas

Published in 2015 by Catpawspress & Co.

Author site: carvalko.com
TWITTER @carvalko

Cover photo by Joseph Carvalko, IV

ISBN #: 978-1-329-19467-0

Para Lucia, Susé, y Cara

Yo, Jose Ricardo Carvalho, soy una amalgama de Romanos, Moros y Judios; una trifecta genética de ancestros que por miles de años merodearon por los apéndices europeos de Iberia e Italia, y que con el tiempo llegaron laborar bajo el imperio Español y luego los monarcas italianos y portuguéses. Ahora, nosotros, la suma de mí, hace una pausa para relatar cómo se ve la vida en éste instante en mi tiempo.

PREFACIO

Detrás del Acero: Una vida-cinco épocas: lleva al lector en un viaje a través de Estados Unidos del siglo veinte, sus ciudades, sus guerras, las praderas occidentales y el encuentro del poeta con la muerte, las pérdidas del corazón y la adultez, cuando el pasado permanece silencioso y el tiempo se acelera, cuando los ecos del pasado rebotan y se convierten en energía pura. El poeta busca el significado en la acción, pero descubre que únicamente en la soledad puede encontrar respuestas. No obstante condicional, doblegándose a las fuerzas que están más allá de sus sensibilidades, de los límites de una

TABLE OF CONTENTS

TIERRA JÓNICA

SECRETOS INTERIORES

Mi padre fue Joe, y su padre fue Joe, de modo que Joe me nombró Joe en un momento en que América estaba inundada de G.I. Joes: Joe Luis, Tokyo Joe, Joe Palooka, Joe Average.

Pero no soy un Joe, un Tom, un Dick o un Harry cualquiera, estereotipado y olvidado. Soy "Joe", de cinco años y con cabellos rizados, llegar a través de los piquetes de apartamentos de Eastside, un chico buscando los atardeceres en Rosebud, un jinete con los ojos abiertos, perdido en una reserva de Dakota.

Un vagabundo con la suela gastada que se encontró con el Old Taos Trail, la vía Apia, la carretera desde Entebbe a Kampala, la ruta 66, el Vía Crucis, con sus pensiones, sus prostíbulos, sus bares y sus fiestas de Apple Blossom, que tuvo una boda de cuarenta y nueve dólares y se casó con una emperatriz indígena en las orillas de Potawatomie por el brillante y enorme lago Manawah.

Un mecánico de la Guerra Fría, cuyo fiero arsenal llenó los cielos, que meditó sobre la belleza de Turing... Escher.

Un hombre de cabellos grises que vagaba por grandes urbes adineradas, con una cartera, un hacha de asta y una cota de malla a la mano; una conciencia que atestigua: en la sala de justicia, en silencio, en la mierda de un día agobiante; en cárceles de máxima seguridad, en salones de tortura de Dada, en salones de juntas, de pie en la similitud de la ira, la crueldad, la lujuria, la envidia (la codicia reservada para el final)

Un corazón marchito que se torció en antiguas casas de reposo, donde mamá trabajaba (y murió), y asilos protegidos con barras de acero, donde Mela desvaneció hace sesenta años; los cementerios se abrieron... tragando los atardeceres del recién llegado, una mecedora, Erol, Red y Trane zumbando en sus oídos.

Un viejo calvo escribiendo poesía, líneas de advertencia para desenmarañar contradicciones, quitar la máscara a las ilusiones, desplegar y exponer mi ser a mí mismo... para aquellos a quienes amo, amé... me aman y me amaron... mi ser interior, mi identidad, eso que soy yo, Joe.

CODA

Una elegía

Desde el instante en que él inhaló su primera pinta de oxígeno,
luchó para vencer la barrera de acero
que lo separaba de la que se había perdido.

Para encontrar a la desaparecida,
él se enfrentó con los poderes que reinaban dentro de los rascacielos de Gotham,
los jefes de fábrica cuyos engranajes rodaban entre Baltimore y Boston,
predicadores en panteones de campanarios que gritaban el infierno,
fuego y la condenación,
los bastardos que reclutaban chicos para morir en una tierra lejana,
los guardas de la prisión que ataban a los drogadictos,
a los malos,

y a aquellos que simplemente habían enloquecido.

A medida que su vida se difuminaba,
segundo a segundo, se encogió en el olvido.
Uno a uno sus campeones cerraron los ojos por última vez.
Buscó a la desaparecida sin nombre.
A ciegas, avanzó tambaleándome a través de calles de vigilia hacia el aullido de los vendedores de pescado,
las bocinas de los taxis,
los silbidos de los hombres con una mano en la pala

y un ojo sobre una minifalda que cruzaba la calle.

Sobrevivió a los tiempos difíciles, a los lugares incorrectos y a la mala suerte,
pero durante ese resquicio de tiempo que resta a la declinación del día se preguntó,
si había subido la barrera de acero, la que lo separaba de quien estaba perdida.

COUNTY ROAD 80

Entre
Cordova y Truchas,
el hombre
mira hacia el cielo, marchito,
cegado por el flujo del sol,
en honor a ese clan enjuto,
marcado de nacimiento,
que arañaba el suelo disecado
desde un enclave ibérico,
donde las voces arameas
hicieron eco en antiguos templos,
donde padres de padres sefardíes
escaparon aferrándose
a maromas apolilladas,
haciéndose a la mar,
desde el oeste,
para navegar con los restos
flotantes de reinas sobrantes,
conquistadores de fama,
oro,
salvación,
que derrumbó una civilización,
un fin no dignificado por una batalla gloriosa
o una masa solemne,
sino desperdiciado,
esperando para desechar a aquellos que estaban vestidos como monjes,
aquellos que saquearon y robaron, tomos, baratijas,
el número cero,
nunca para aprender el lenguaje.
El hombre vive,
como en una cripta,
estrellas de velas de Sabbat,
carne salada,
habitaciones limpias,
paños de lino y especias respirando la muerte,
sus nombres enterrados en tumbas
a lo largo del arroyo,
en County Road 80
entre
Cordova y Truchas,
invencible,
permanece
mi abuelo.

MI CIUDAD NATAL

La lluvia llega,
hojas de terciopelo,
tierras baldías empapadas
de basura urbana,
yonquis y especuladores,
sombras caminando a través
de un cielo sectorizado,
para burlar lo esencial,
strippers,

la compasión silenciosa,

el Sterno,
el Spam,
tambores de cincuenta galones,
latas de basura,
envoltorios de comida rápida
flotando contra el destino,
gaviotas,
alas sucias ondeando sobre los edificios
envueltos en lluvia.

El mañana,

me temo,
pasará sobre ella,
ahogado en incredulidad,
cuello roto,
abierto,
girando verticalmente,
este lado de un espejo,
los ojos vidriosos,
muertos.

RECUERDOS

Yo viví entre la casa de mi abuelo materno
y la granja de mi abuela paterna.
Uno en un barrio afroamericano
a lo largo de una calle desde el Bar Blue Moon,
el otro cerca de los golpes de Currier & Ives,
en la mitad de un campo de pasto.

Como un ave migrando
entre dos mundos,
yo languidecía por escuchar las hojas
crujir a largo del camino rural
y extrañaba caminar
a lo largo de calles tristes,

donde el sufrimiento era silencioso,

o los tacones sonaban en las fiestas
de los sábados en la noche.
Así como mi cuerpo a los catorce,
mi mundo cambió,
golpeando el concreto,
respirando el asfalto,

afroamericanos,
portugueses,
puertorriqueños,
italianos,
todos maldecidos,
escuchando

la pica, la pala, la porra cayendo

sobre el cemento de Portland,
a lo largo de las calles
y barrios hasta el anochecer,
antes
de palidecer,
cada uno en su propio gueto.

Abandonado por el tiempo,
los barrios
y las granjas,
habitado por mis recuerdos:
paseos, notas de tristeza
a lo largo de la calle, hojas que susurran en mi cabeza,

el rechinar de mi trabajo incrustado detrás de mis uñas.

CUARTO DE MÁQUINAS

Disparates mecánicos,
caminadoras,

como baterías llenas de sangre,

nuestros cuerpos encendidos, presionados, enfriados y estampados,

días monótonos martillados
metal sobre metal,
hueso sobre hueso,

turno nocturno, piso mugroso,

una prensa negra monstruosa,
100.000 libras golpeando hojas de latón hasta convertirlas en cilindros,
una por segundo, bajo los pies, pedaleados,

¡kerchunk!

El acero plateado muere engullido,
brazos encadenados sacudiéndose hacia atrás,
el latón doblándose en monedas,
escupidas en barriles resbaladizos,
abarrotado,

¡cadenas,
kerchunk!
¡Maldición!

Dedos, planos y gruesos, sangre azul...

forjada,
una parte sobrante como el tiempo,

nosotros llenamos los patines en callejones bien aceitados

para alimentar su apetito insasiable,

medidos por piezas,
registros de cronómetros,
alientos desgastados en un turno marcado por el silbato,

medido por la voluntad,
un día al siguiente,

la carrera interminable para lograr la tasa,
escapar,

la carta de despido

o un guante de cuatro dedos.

LA CINTA DE MÖBIUS

A medida que los siglos se transformaron,
perdimos el don de los antiguos
para escuchar los gritos primales silenciados,
para ver el aullido sin rostro de Munch,
los precursores inconfundibles de todo,
avanzando como una espiral hacia la oscuridad.

No la vi declinar
y vagar en el carrusel de la desesperación,
hasta que ellos arrojaron las llaves en la lejanía.
La llevaron a otro lugar,
donde las luces rebotaban
contra el linóleo, desgastado y pulido,

detrás de las puertas de metal
con una ventana,
una cerradura girada,
tras la cual las personas revoloteaban, reían,
subían sus vestidos sobre sus cabezas
o chupaban sus pulgares y lloraban.

Yo buscaba tapices de tristezas, nacimientos,
muertes que pudieran ofrecer pistas conocidas
sobre una vida anterior, hechos que explicaran
el por qué o el dónde,
pero como una madeja de cordel enrollada
en una cinta de Möbius.

EL UNO PORCIENTO

Cambio a segunda,
mi Chevy lucha por subir
el último cuarto de milla que conduce a la entrada
circular y al amarillo intenso del pórtico, bajo una luna
sazonada de mayo.
La música clásica flota detrás de
las puertas francesas,
una habitación estilo Louis XVI,
seis portales que llevan a un porche,
patio de mármol,
piscina

y en la distancia seis agujeros para los hombres vestidos de etiqueta
con solapas de satín.

Un haitiano de ojos negros mezclaba bebidas.
Yo lavaba copas de vino.
Criadas uniformadas de blanco pasaban platos de paté.
Mujeres, cabello corto,
rizado,
con joyas y vestidas hasta el cuello,
beige o pastel,
sacudiendo las lentejuelas para reflejar los jarrones con rosas,
martinis agarrados entre dedos rosáceos,
bocas llenas,
sonrisas pequeñas,

los labios apenas abiertos para hablar: puntajes, mercados, matrimonios…
¿Por qué el presidente no lanzó bombas nucleares…?

SUEÑO DE BANDERAS

Pasaba cerca de la granja de Juan
Cuando vi el amor
De mi vida, Studebaker del 37,
Rojo, cortado, bajo,
Con guardabarros,
308 en línea,
Motor SV de 6, doble,

Silenciadores de cromo,
Pudo llevarme al
Círculo de los ganadores.
Yo soñaba con pistas de carreras,
Avenidas sin curvas,
Llantas quemadas,

Multitudes comiendo perros calientes
Y sorbiendo cerveza,
Mirando a
Chicos tatuados rindiendo homenaje
A sus madres, a Jesús,
Rosalina, luces girando,
Comentaristas deportivos emocionados,

Que miraban hacia el frente,
Advertencias amarillas, todos apilados,
Buscando alcanzar la bandera a cuadros.

DICIENDO ADIÓS

La hiedra se encumbra alrededor del tubo de agua
avanzando hacia arriba,
donde en la cresta del hastial la abrazo,
mientras se desvanece a blanco y negro,

su cansada humanidad incapaz de resucitar esqueletos,

de las fábricas derruidas tan lejos como el ojo las ve,
contornos encadenados de llanuras desfloradas,
el zig zag de los dientes de león que respiran
a través de grietas de asfalto

en estacionamientos muertos.

Una luna creciente perfila un edificio,
que se inclina detrás de una ribera erosionada,
donde una marea nocturna proveniente del mar golpea contra
la proa de una barcaza de langosta sin tripulación.

Esta noche descanso de sus músculos,
sus huesos,
sus ojos fijos en el pasado,
sus labores hechas.

Si he de llegar al otro lado de ser,
a pesar de su agarre materna,

tengo que saltar.

DÓNDE, POR QUÉ Y LOS 60

Por la vida de Mí

Yo, el primer hijo de dos adolescentes,
criado en Dock Street,
en la tercera planta de un edificio,
con agua helada,
a lo largo de West End River,
donde las olas bajas envolvían el aire
con el olor del petróleo
y de los peces muertos.

— Donde aprendí a amar lo que apesta.

En la noche el «chop, chop, chop»
de las aspas de los helicópteros en Sikorsky Corp,
golpeaban las horas de la oscuridad,
ese «chop, chop, chop»
de la virtud perdida,
LZs,
de los arrozales,
de los niños sobre el fuego.

— Donde ritmos nocturnos me dejan dormir.

En el amanecer,
la puerta,
que conduce a una reliquia abierta
el molino que nos enjaulaba,
hasta que Tío Sam sacó
tiquetes de lotería
empujándonos,
bajo una persiana selvática

— Donde deber se estrangula nuestro sentido de la vergüenza.

FUEGOS DE DORIAN

LA COMPOSICIÓN

I

Nos levantamos en la orilla del alba,
donde el fantasma de la lluvia nocturna
descubre un cielo encorvado desde
el índigo al rubicundo.
Miramos arriba,
brazos levantados para agradecer al
universo inflexible por permitir este instante,
por el eco del luto de la ballena,
el tono variado del chotacabras, los ritmos
de la tribu:
Ya ha e hi ya, ya ha e hi ya, he ya e yo e yo e- e-e-, he i yo.

II

Al mediodía giramos al sur,
Donde el gran astro arrastra la imaginación efímera
que nació de: género, especie, mitos, definiciones, símbolos, números, teorías,
la convergencia de minucias que explican
la característica elementales del ser,
el sin sentido de un espacio deshabitado,
abstrayendo,
entre más sabemos,
menos entendemos, conceptualizaciones mentales,
creando y recreando los ideales del bien,
equilibrando ideas contra el caos de la ignorancia.

III

Hacia el oeste el sol se pone sobre
los artefactos inventados: calles, puentes,
dirigibles que se unen en ambos lados de un océano,
radios que vinculan conciencias
separadas por un espacio vacuo, microscopios
para explorar nuestra existencia material,
los quarks y los muons, el micro verso donde
las cuerdas vibran como el llanto de un bebé,
el elogio de nuestros padres, la música cuando
las palabras fallan, los idiomas que viven y
respiran nuestra humanidad.

IV

La noche cae en el norte donde el otro
gran astro gira rubio desde restos flotantes,
para conectar calles y puentes
desde desechos, granjas,
la multiplicidad fabricada,

la proliferación de una canción en una sinfonía de sonidos,
lo singular a lo plural, la flor al jardín,
el orador
que habla a las naciones bajo el asedio
del fanatismo,
la integración de todas las cosas creadas.

NADA, CERO, UNA CIFRA

La naturaleza asigna a cada niño un cuerpo,
una mente y una emoción y lo pone a la deriva a sembrar desde
la nada,
cero, una cifra,
una raíz,
tallo y fruta se formaron alrededor de la amalgama de cosas,
como el artefacto que reclama de manera exclusiva,
sus soledades,
inseparable,
sus identidades,
la parte esencial de cada uno de ellos.
Un humano, con una humanidad que solidifica y se templa bajo el peso de los acontecimientos,
moderado por el bien y el mal, acciones y reacciones,
objetos y sujetos a los que la vida expone y reúne sus partes,
la expresión más pura de la vida, un niño.
Y, existe la posibilidad de que a través de las perfidias de la guerra,
una existencia no se forme,
o que una vez formada se pueda deformar;
y finalmente
se evapore en
la nada,
cero, una cifra.

HILL 555 NORTH OF THE 38TH

Una mañana de navidad fría y sin estrellas,
el trompetista levantó su corneta de plata;
el capellán condujo a los hombres en oración,
esa que dice que el Señor podrá iluminar
las almas pronto desnudas.
Marcharon en comunión hacia la oscuridad,
incapaces de cambiar eso en su crudeza,
rota la unión que liberó al hombre,
en cada conflicto y en cada tierra,
amor, odio y humanidad extendida,
una tierra quemada de napalm,
desnuda en el suelo congelado,
donde los campos llenos de cuerpos cargan,
monstruosidades,
brutalidades abandonadas y desparramadas,
soldados silenciados
en la luna amarilla.

ALERTA AMARILLA

En nuestro fervor por la misión ignoramos los días sin aire, sofocantes o el otro polo, donde el clima bajaba a menos 20 °C durante semanas, o subía por encima de 0 °C para descargar las láminas de aguanieve o bañar los aviones en una nieve especular, saturando la pupila en el surrealismo de un esplendor maldito. Con los estallidos, cortos y prologados de las sirenas de alerta, las luces amarillas titilaron, los motores rugieron y los bombarderos se movieron de manera insistente contra el clima y la certeza agustiniana que si no abortaban, los soldados en el cielo matarían la familia nuclear por la alquimia que eleva la intensidad planetaria a 300,000 °C.

LA MISIÓN

Arriba de la misión en Larimer, donde los clérigos servían gachas, café, trozos de moralidad del Libro del Bien- y dulce liberación de un libro de himnos copiado a mano,

yo renté una habitación. Ocho dólares, cama Victoriana –armazón de hierro-, lavabo de porcelana China, techo de doce pies de altura, espejo de tono amarillento sobre un vestidor de roble,

una colilla aplastada, brasas muriendo en el cenicero, una botella de Beefeater vacía, el sanitario funcionando. Me asomé entre las barras bajo la cama.

Mi ángel sin alas vomitó ginebra, piel de porcelana, ilusiones frotándose a través de párpados abiertos, estrías, sollozos infantiles.

Gedeón, gastado, era reacio a perdonar los pecados de la desesperación, del GI,

que alquiló la soledad de extraños,

que ansiaba el binario de la compañera de cama y la soledad,

aislados de las voces que se colaban a través de la rejilla de ventilación de desgraciados como yo, celebrando: "¡Adelante, soldados Cristianos ..."

FÍSICA DE LA GUERRA

Cuando se mira la entropía común, es difícil ver, la lógica o el sentido, de bombas atómicas para la defensa propia, donde las fuerzas más débiles suman, combinan, para patrocinar la línea del vector, para curvar el fotón en su camino, para gastar los julios después del desastre, en vez de sonrisas y canciones; la energía aberrante pasea, caballos troyanos atraviesan las puertas mentales, otorgando premios Nobel que físicos ganaron, destruye el bien y el mal, masa crítica de una estratagema política, destello, viento, un gran incendio, canciones y poemas, para apaciguar una nación, retórica de la guerra, clichés que aborrecer, para penetrar los núcleos, con velocidad brillante para todos nosotros, nosotros elegimos la partícula, sin conciencia para dirigir, manifiestos del sinsentido y nadie para ceder, o dispuesto a ejercer el coraje necesario, para alterar el alfa mientras viaja, terminar el progreso, desenredar los genes, para que las sumas de los números atómicos sea equivalente, para conservar la energía que se disipa, detener la masa en cero antes de la explosión, la diferencia entre un dios y la muerte, metamorfosis en microsegundos, un parpadeo, la explosión, de la masa, de la materia, de la necesidad, del polvo, para apagar nuestra vida, de una lucha indiferente, que nosotros como frágiles maestros de la fuerza evocamos un persona de rumbo negligente para crear la irrealidad de un poder atómico, que puede derretir nuestro planeta, oscurecido una noche.

PUBLICACIÓN INMEDIATA

DEPARTAMENTO DE GUERRA
8 de agosto de 1945

DECLARACIÓN DEL SECRETARIO DE GUERRA

El uso reciente de la bomba atómica sobre Japón, que fue hoy conocido por el presidente, es la culminación de los años del esfuerzo épico de parte de la ciencia y la industria trabajando en cooperación con las autoridades militares... habrán próximas mejoras pronto...

LOS ARROCEROS

Ataviada en negro, huyó,
a la mañana siguiente,
franjas incandescentes desiguales,
Victoria C.
encajado fijamente a la izquierda,
en medio del petróleo,
entre las costuras
atrapado
por los ojos de un Cíclope-,
jaquemate-.
la reina se derrumba,
carbonizado, chatarra y silenciado.

En un día de color amarillo fosforescente,
él corrió,
signos del apocalipsis,
árboles de mamoncillos sin hojas,
la carne quemada penetrante
del claro donde yacen las cenizas,
ramilletes de flores,
trajes,
sombrero de ala ancha,
sandalias, cosas pequeñas que resisten, chisporrotean,
una cruz de plata en torno a una garganta cortada,
una hebilla dorada, acallada.

Cabello negro,
luz de jengibre,
ella yacía en el prado,
donde los arroceros
relacionaban este lugar,
con miles de años,
peones congregados,
y predadores,
diferencias temporales
de mortalidad a cero,
donde los hombres santos rogaban a Buda,
dividos entre los enemigos acallados

por el coloquio
de Cobras,
ensordecedores,
el grito primal
de supervivencia,

Victoria C.
cargada en medio de sus muslos doloridos;
el caballero nacido
para el arrocero,
que entra a un día sin nombre,
donde se salvan los dos,
todo yace en silencio.

MI PRÓJIMO

Yace acostado y silencioso
y sigue la vida,
sobre una colina baldía,
una sombra extendida,
criatura estoica,
con pose de soldado;
él también, debe infiltrarse,
un buscador de personas
que busca una presa
antes de que caiga la sombra
de la mañana,
quieto,
en un juego de esperar
para ganar
el lado de una colina anónima,
un marco político,
o el coro de un demente,
canciones de alabanza;
ni arpón, ni disparo,
inocencia,
un soldado desconoce,
de su giro fatal
hacia su última morada,
el corazón palpita,
la mano tiembla,
su rifle,
bullendo mortalidad
recorriendo a lo largo de una línea

para definir- la vida como vivida
dentro de la "V" de una línea de calibración,

para presionar el gatillo,
resortes y ejes,
la causa cercana,
un percutor
en la parte trasera de una bala
que se desliza
a través de un cosmos despojado por himnos-,
para caer,
mi prójimo.

ESTACIÓN DE TRENES

La estación de trenes no olvida a los chicos convertidos en hombres que vuelven sobre las vías, excepto por unos pocos rezagados, lentos podríamos decir, pero no vamos a divagar sobre aquellos que pueden haber perdido el camino a casa. Se oye la disonancia de la risa, las trompetas de la tristeza, el chú-chú de la respiración de la locomotora silbando fuera de tiempo, la nota de una tuba que modera la monotonía del jefe de estación quien vocifera la llegada de aquellos que vuelven para remendar sus vidas, para volver a nacer, o para ser enterrados debajo de un ciprés.

La estación de trenes no olvida a los chicos que vienen, se van y a aquellos que no vuelven-, porque incluso cuando la plataforma está vacía, se oye el eco del fervor patriótico, las voces pubescentes de chicos gritando, el anillo de festividad a medida que embarcan- mientras ancianos arrugados en trajes de tres piezas, ricos en subsidios de testosterona y poca memoria, mueven palabras en un papel para conformar el mundo según sus cruzadas partidistas, para negociar la llamada "paz", y lamentar que la guerra desaparezca del todo.

AMANECER DE ÉTER

La mañana de ayer, el rocío de la mañana
un amanecer de éter aparece de nuevo
aplastando las ciénagas
suspendido sobre troncos caídos
Vapores que se ven tan etéreos
Fragancias tan fúnebres

Vapor, vapor, vapor

Cayendo en un abismo oscuro
Condensándose en un beso profundo de la tierra
Tosiendo en un lodazal maloliente
Sudor limoso, pulmones vaporosos en llamas.
¿Dónde está el aire? ¿Dónde está la máscara?
¿Dónde está el capellán?,

Vapor, vapor, vapor.

Nunca tuve un hijo, o una esposa amada.
Quiero una última bocanada de vida
para honrar las deudas antes de marcharme
para levantar la bandera, tocar el pífano
para golpear el tambor, para verles caer
boca abajo, mudos, en un cementerio lodoso.

Vapor, vapor, vapor

CARTA REGISTRADA

Las emociones derraman
simpatía,
eternidad,
esperanza.

La expectativa
no puede lidiar
con la muerte.
Pero todo se endurece

en el pie de página[1]
del final
de la esperanza
envuelto e inmóvil
en el sobre inesperado.

1. "Dado que su hijo, primera clase… infantería, fue reportado desaparecido en acción…el Departamento de la Armada ha albergado la esperanza… Se ha dado completa consideración a toda la información… En consecuencia, su muerte se ha registrado bajo la ley."

CARRETERA AL CAMPAMENTO 5

Junto al río Yalu

Cincuenta millas por dos,
pies, carne muerta de las piernas, caminantes entumecidos, senderos
llenos de nieve que conducían a colinas repletas de humo,
y a una ciudad bajo un cielo helado, y rodeada de alambre de púas.
Calles cenagosas,
casas de estuco,
fábricas de chucherías,
donde tubos rojos escupían hollín.
Una choza con un techo de paja,
colonias de canallas grasosos,
encerrados como cerdos,
sobre un suelo duro,
oscilando las barbas descuidadas,
zapadores sangrientos;
hombres que jadean,
doblados cagando sus pantalones.
bolas de sorgo,
beriberi, raquitismo,
disentería, delirios,
el estertor de miembros
gangrenosos rezumando pus.
Cuerpos amontonados hasta la primavera,
pudriéndose mientras los diplomáticos
llenan sus panzas con Kimchi y
exprimen a rehenes inocentes
ofrecidos por el enemigo
para conmemorar la firma
de la paz.

REGISTRO DE OCTUBRE

1962/10/22

15:55.

Las sirenas lloraban, los motores rugían y los frenos chillaban mientras los bombarderos reptaban el borde de la pista.

16:20.

Despegaron, misiles encorsetados alrededor de su cuerpo para lanzar los monstruos en un despertar estruendoso, para subir más allá de la estratosfera, hasta que todo lo que vi fueron motas silenciosas volando al otro lado del globo.

17:32.

Gansos volaban desde las Grandes Llanuras y planeaban sin esfuerzo a lo largo del vacío cósmico, que les resultaba desconocido desde que la guerra empezó.

20:44.

Como centurión, me quedaba vigilando un parqueadero desnudo, una vez la metrópolis para los pilotos y sus máquinas voladoras, cuidando grillos vestidos de negro que heredarían el lugar, si las bombas caían.

NONESMANNESLOND

Me preguntas cuándo mi hijo se fue a la guerra. Después de que dejamos de educar a los niños, allí estaba el último; después de que aquellos que sirvieron perdieron sus extremidades y quedaron sordos, cayeron muertos; después de que las madres y los padres que habían perdido a sus hijos envejecieron y murieron, después de que los "escoltas de las grandes UN" fueron olvidados; después de aquellos marcados, campos grumosos donde clavaron las cruces de Jesús, en una zona atormentada por la hierba, rastros perdidos de una tierra de nadie entre trincheras, debajo de campos de árboles espinosos, cráteres del tamaño de un bebé, el hedor del fosgeno y el cloro; donde los perros nunca ladran y las aves nunca cantan.

Ahí es cuando.

El diccionario de inglés Oxford contiene una referencia a este término, que data de 1320 y se escribe *nonesmanneslond*, un término que hace referencia a un territorio disputado.

LOUVEMONT-CÔTE-DU- POIVRE[1]

Réquiem, Tío George, WWI, Francia 1918

En la oscuridad
de los días de invierno,
él abandona una rosa
para su musa
enterrada detrás de
varas cruzadas
en un invierno
que regresa como un perro hambriento.

Un niño nacido,
en hiver[2], como ellos dicen,
pasa lento;
nevaba otra vez,
en un invierno
que regresaba como un perro
hambriento.

Nevó
hasta la primavera
cuando Mademoiselle
bailaba desde Rouen
hasta el Moulin Rouge,
un corazón cerrado,
Manie![3]

Su cabeza en su falda,
las piernas en el aire,
hasta, allá
Mademoiselle,
allá,
en un invierno
que regresaba como un perro hambriento,

il mourut de gazas.[4]

1 Durante la guerra, el "pueblo que murió para Francia" fue completamente destruido.
2 Fr. Invierno
3 Fr. Palpitando salvajemente
4 Fr. Él murió tras ser gaseado.

MISIÓN CUMPLIDA

El tintineo de las monedas cayendo en su sombrero se perdió en las entrañas estridentes de la locomotora, cuando entró pesadamente en la estación sobre el "pah" "pah" de una banda escolar.

Él no podía ver al veterano, quien lleva su mano a su frente, o la pareja de ancianos que tiembla por el carro fúnebre extrañamente insertado en la línea de Pullmans.

En el momento en que el tren resopla en la estación, su presión se apaga, un músico guarda su trompeta en una maleta de terciopelo, el jefe de estación grita el siguiente destino, "Eastbound Vía 2, N'York, 'n points south." El invidente recita su mantra: "Eh amigo,

¿tienes veinticinco centavos?", hasta la próxima vez, cuando es ahogado por los sonidos de los rumores funerarios de los trenes, y los chicos que tamborilean, no para honrar a los veteranos que piden limosna, sino para llorar ataúdes envueltos en banderas

y destinados a cementeros de estrellas de seis puntas, cruces y medialunas.

CARRETERA SECUNDARIA

Odiseo y Penelope

A los diecinueve años,
indómito,
un hedor salvaje en el encerado,
reóstato de alegría en cero.
¿Te gusta Daddio?
Tristeza de moda,
smog en la cabeza tropezando
a través de trabajos mediocres.
Tío Sam.
Por última vez, yo,
mi Chevy, Penelope,
azul del 52,
guardabarros,
llantas Whitewalls,
V-8 Caddy del 47,
dos tubos de escape con silenciador,
cruzó la calle,
dejando atrás drive-ins,
S.S. Kresges,
la vida en la Railroad Ave.,
los ricos en el Country Club Road,
puntos de referencia
memorizados,
e modo que como Odiseo pueda regresar
a lo familiar y antiguo.
Pero después de "la guerra"
me tomó años regresar al barrio,
donde perros callejeros ahora
lamían latas cerca de una valla de alambre,
donde vi mi Penelope,
gotas de lluvia golpeándola,
luces altas
en un día sin nubes.

AVENIDA DEL CEMENTERIO

Recuerdo esto como si hubiese sido ayer.

Roberto gastó un mes del salario
En aquella carcacha.
Sacó el capo,
Puso una batería nueva,
Llantas,
Un set de neumáticos lisos,
Presionó el acelerador,
Aceleró,
Hasta que el motor arrancó.
Presionó sus pies
Sobre el metal
Salieron nubes de hollín
Del tubo de escape.
"Dale duro al pedal,"
Gritamos, mientras Roberto conducía
A lo largo de los árboles de manzana,
Retando a sus amigos a una carrera,
Que terminó en la Avenida del Cementerio.

Recuerdo esto como si hubiese sido ayer.

UNA CIUDAD PERDIDA EN EL TIEMPO

Al pasar del tiempo,
un chico,
casi hombre,
llega a casa,
la rebeldía sofocada,
jodido,
la conformidad hecha a martillazos,
sus cambios de humor enterrados en el cadáver de la pubertad.

Así, golpeado,
regresé al viejo barrio,
fábricas pasadas,
muelles,
la planta con los helipuertos silenciosos,
donde papá trabajaba el turno de noche.

Botes de remos escorados a lo largo del río,
un velo de neblina besaba las farolas
que iluminaban el moho pegado al muro de madera
del teatro que está próximo al canal.

No hay césped,
flores,
condenas,
todo reducido está a nada,
sólo ventanas selladas
y ladrillos rojos hechos polvo.

Por aquel entonces solo conocía a gente de la fábrica,
excepto los veranos que me solía mezclar con niños ricos del pueblo vecino,
haciendo el amor con debutantes de labios finos en vestidos de algodón vaporosos,
deseando ser un gato de piel clara,
con mocasines en blanco y negro.

Pero,
crucé el Río Housatonic para unirme a la Guerra Fría,
lejos de los adinerados,
los jóvenes que fueron en búsqueda del Tío Sam,
gurús, swamis, revolucionarios,
Republicanos, o cualquiera que dijera tener un credo o una magia,
todos nosotros predestinados algún día a volver de donde vinimos,
consolados porque todo sigue igual.

Sin embargo,

mañana volveré a cruzar
el Puente del Río Housatonic,
esta vez hacia el oeste, lejos de los ricos,
en busca de un nuevo mundo extraño.

VIENTOS DE FRIGIA

FUERA DE LOS EVENTOS

El tiempo moldeó los eventos que dan forma a nuestra percepción del universo, del significado de la materia, espacio, objetos insensibles; la trilogía de lo que fue, de lo que existe y de lo que puede venir. Nosotros evolucionamos e involucionamos en las fuerzas de nuestra creación, desde organismos, órganos y organizaciones auto-replicantes hasta una proliferación interminable que retroalimenta, pro alimenta un metrónomo de tiempo que crece de manera vertiginosa convertido en el ritmo de nuestras necesidades, en el elogio de nuestra supervivencia y en la gratificación de una era en la siguiente de manera incremental con una solución biológica vinculando desde lo espiritual a lo material y a los conductores de nuestra existencia. Primero tocando la tierra en un nacimiento que no está registrado en nuestra mente, luego viviendo en circunstancias que escapan a nuestra comprensión y finalmente en la muerte dejando atrás todos los misterios de lo que fue y de quien fuimos, nacidos de la fe, atormentados por ella, lo sentido y no visto, cada cosa dada, pero un momento breve para explorar la belleza y la bondad que yace entre la oscuridad, para preguntarse, para cuestionar la ambigüedad que conocemos como "nuestras vidas".

UN LUGAR PARA LLORAR

Tierra sin vida y cielos sin vida donde las águilas pasaron con los ojos Lakota, donde Tatanka luchó por el legado de Unktehi, un último atlas permanece en un purgatorio de libertinos cuya señal simultánea resuena con furia, cuyas máquinas de ira destruyen y rasgan el alma de los dones del búfalo, abandonando la tribu de Wakan Tanka quien una vez se alimentó de los pechos de sus madres, quien dio vida al ternero que ya no existe, ya soy viejo y no puedo hablar, ahora busco hechizos, el hechicero que me deje morir, las lluvias de primavera que me permitan llorar, en las planicies más altas la vista sagrada, sirenas enceguecidas, polvo que vuela, que gira y se encumbra a lo largo de esta tierra, antes de que llegara la goleta, antes del Stanley y el smog, antes de que las maquinas pasaran, crujieran, gritaran, la herida última, para que el silencio baile, tambores y cantos, encaneciendo todas mis cenizas coloridas, conos y cráteres de relámpagos, entre ruinas reticentes de la carroña escuchamos nuestro nombre en una legenda pronunciada a través de la voz de Caín, un arrogante cuyo progreso sopla nocivo, fluyendo, gases que producen tos, un galgo ruje y pasa rápidamente, azota y corta el viento y la arena, un escalpelo de cirugía, un surco insensible, no para curar, sino para injertar su cola— no para escuchar el gemido del desierto, no para ver el tipi llorar, no para escuchar el espíritu morir, para que aquellos que yacen sobre estelas de tiempo no sientan que perdieron los dones de una raíz inquieta, que perdieron el becerro Tatanka, que se detiene y se queja en el viento que escucha los ecos de cielos sin vida, donde las súplicas por lo perdido nunca son respondidas.

UN RÍO DE HUMANIDAD
Fuimos inmigrantes

Un enorme juego híper geométrico donde la historia actúa y reacciona para vencer el futuro, mientras es manipulado por una causalidad mecánica: eventos insignificantes, siempre cambiantes, fortuitos, accidentales, una cuantía de hechos únicos, irrelevantes; grajos volando hacia ninguna parte, recolectando en los arroyos, mezclando en los ríos, vertiendo en los valles de lágrimas de la emoción humana, dentro de las vidas cuyos finales acumulan la energía que nos impulsa desde la cima de una civilización a otra; cuyas vidas son el lexicón, grabadas por los obispos de nuestra confesión, las listas de nuestros actos, fechorías e impases; deshonra y guerra, compasión, brutalidad, crímenes de reyes y reinas, de negros y blancos, de ricos y pobres, de fanáticos y misionarios que alteran, impredeciblemente, el curso de la historia, por la revolución, por la conflagración, por la migración que procrea pueblos nuevos, esperanzas nuevas y antiguos pecados.

VALLE DE ROCIADA

Desiertos secos al oeste, al este y al sur, se empujan en la Sangre de Cristo,
donde los padres Tewa cultivaban los valles desde tiempos inmemoriales,
tribus que vinieron a echar raíces,

exploradores españoles que vinieron a rezar,
mezclando el maíz de invierno, el granito de montaña, el amanecer perpetuo
—tú naciente, tu viaje del cielo a la tierra como una neblina plateada flotante—

bajando los costados de colinas de plata, sembrando el valle a sus pies.
Juntos, construimos un adobe en el río Santa Fe;
el lodo se derramaba entre nuestros dedos antes de endurecerse en el corazón del verano.

Después, nuestros ojos colocaban ladrillos alineados uno sobre otro, un hogar. Trabajábamos los campos, y en el atardecer pasábamos el tiempo con historias, ficticias,

sobre La Llorona o alguien encontrado entre los caminos de tierra,
entre los campos de soja y el adobe.
Manos callosas barrían para arrojar un bracero moderno

en el Valle de Rociada, entre Old Baldy y una ladera sin nombre—entonces, antes de cerrar los ojos, rezábamos a Guadalupe— antes de que nos abandonara por City of Angels.

AZUL

¿Era eso su pelo castaño o los rayos lunares que brotaron después de la lluvia gris de la vida?

¿Era eso el resplandor dibujado en los ojos de la juventud, o el océano de lágrimas derramadas por los días pasados encadenados- el sufrimiento que una y otra vez había presenciado?

No, eran sus labios, bermellón, decididos, sensuales, y como se movían sobre los incontables poemas que murmuraba para no dejarnos saber—

que ella se había desvanecido en azul, en un orbe intransitable, haciendo piruetas como las corrientes de polvo, la danza inseparable del bailarín, hasta que éste se movió demasiado rápido—

Uno lloró. Otro rió, poco antes de que ella se desvaneciera en una esquina furtiva de su mente, dejando atrás un mundo enceguecido por la belleza de su azul.

UN TIEMPO RECORDADO

Anoche, bajo una lluvia estridente, conduje por la autopista doce a través de la llanura oriental, recordando cómo las cosas llegan y se marchan de aquí. En invierno, el viento mueve las temperaturas a zonas muertas, el aire se cristaliza, los árboles se quiebran, el frío amargo llena la nariz con escarcha, después los tornados primaverales de fuerza EF y la lluvia fuerte baja en Mayo antes de que el verano se abra a un sol que explota el ganado, deja los pastizales en llamas, aviva tornados de masas nubosas llenos de granizo, para aplanar los campos de trigo. En mi juventud, con un corazón herido y una mirada distante, caminaba a través de la bifurcación que conducía desde ese espacio libre hasta este momento, en el que las memorias de un viejo trazan la escarcha que convierte la tundra en una mancha brillante cuando el sol se pone de una forma determinada. Conduciendo a través de este desolado camino, los faisanes baten sus alas para después penetrar los arbustos — detrás de los cuales el adobe, que vine a buscar, se había desvanecido. Un abejorro se ilumina contra el parabrisas, como diciendo: "Ella se fue". La tormenta ha cesado, prevalece una calma palpable, si yo viviera para siempre, ¿podría olvidar cómo las cosas llegan y se marchan de aquí?

EL RIO DE LAS ÁNIMAS

Él cronometró la hora de su último aliento en el momento en que el reloj se detuvo, a las ocho en punto.

Dejó su cuerpo junto al Río de las Ánimas, cerca del reloj roto.

El río, a media milla, parecía como si hubiera estado ahí siempre, a veinte millas al Oeste, hacia la Adición de Durán, y al comienzo del Old Taos Trail, al Oeste.

Él viajó de un lado a otro, casi cien años, hasta el valle de La Gente de Otro Lado casi al final de la Ruta, a la espera de ella, fuera de la puerta.

Cincuenta años y contando tras cerraduras, ella se sentó mirando a los nevados de la Sangre de Cristo, el único indicio de la existencia de Dios,

el Dios que nunca aprendió a decir la hora.

LA CONFERENCIA DE LOS PÁJAROS

Extraño que estás aquí en este atolón, un no lugar en la palabra efímera, donde nos encontramos, lejos del compromiso, de regreso a esta tierra en movimiento, sus deseos, sus temporadas emergentes, para descubrir si este planeta es suave, duro, arenoso, o cuántas lunas tiene, y, si celebra el pavo real persa.

Qué irónico que un escritor deba ser silenciado y obligado a hablar en el lenguaje de los ojos. ¿Qué puedo decir, que no haya dicho, mis ojos a los tuyos, los labios sellados, como si cualquier expresión pudiera ser considerada ofensa? En los sueños, me encuentro liberado, pero la mañana sacude la realidad para dejar en claro que las palabras y los mundos son diferentes.

Caminando por un sendero separado, me detengo hablar con entusiasmo dialectos en trozos de papel, palabras que se maravillan sobre las alegrías, y tristezas que se hacen para los días más cortos y más largos, los días que los isleños cantan, noches que ocultan las colinas distantes, donde las plumas flotan a través del aire, y clamamos divagaciones de poetas que aparecen en cada temporada,

Y al final, volamos a casa en manada, como las aves que anidan, mareados, dejando reflexiones formuladas aquí, donde el corazón corre hacia los ecos de un verso.

Extraño que estás aquí, en este atolón, este no lugar, donde una y otra vez nos reunimos, en los sueños, lejos de los compromisos, en la trivialidad del día.

RETRATO DE MELA SUSÉ

No es el rostro avergonzado detrás del caballete,
el cuerpo posando desnudo, son los pinceles que evitan
que lo embadurne, una paleta de magentas y azules iridiscentes;

no son los remolinos y las corrientes de sus contornos,
son los pinceles sin cerdas para contar
las leyendas enrolladas alrededor de su cima,

no es la negrura de su pelo indígena,
son los días amarillos que el sol refleja,
cada hebra, las noches cautivas en lluvias fuertes,

no es el chocolate de sus ojos castellanos, son las lágrimas
anhelantes, pérdidas para las líneas del poeta,
para el dolor que han impregnado,

no es la erubescencia de sus labios griegos,
ni los miles de cuentos que pueden murmurar,
aprendidos a través de su silencio,

No son los colores que frustran mi ambición,
Es el lienzo que palidece por el temor
de que si te pinto, el mundo se enamorará de ti.

ENCUENTRO CON EL MAR DE ÍCARO

Sueños recurrentes

Después del baile del sábado en la noche,
Las luces apagadas,
Para que no apareciese la policía,
Cinco de nosotros maulló y corrió,
La pista zigzagueando
Sobre fisuras suaves,
En movimientos circulares, cerca del arcén
De un acantilado de setenta pies.
La última vuelta,
Él rodeó una curva inclinada
A sesenta.
Un Ford del 49 pasó sobre la derecha—
Dos cuerpos competían por el mismo espacio,
Ellos adelantaban por el mismo lado.

Los segundos finales,
Él conducía desde el precipicio
Que lo dividía de la oscuridad inconmensurable
De la pradera, pero el Ford lo cortó.
Él pisó el freno con fuerza,
Las llantas traseras se cerraron,
El carro se deslizó y rotó a la derecha.
Él giró a la izquierda,
Pero el Chevy
Se deslizó formando un ocho.
El poste telefónico se rompió
Las luces se cortaron,
Chispas azules y blancas
Azotaban la verja

Justo antes de que
Como Ícaro,
Él corrió contra el armazón de
Una vieja cantera,
Su chasis hundiéndose
Seis brazas
Por debajo de la cubierta.

AGUAS DE LIDIA

REFLEXIONES

En los mapas locales una flecha verde marca un punto negro, donde un edificio de granito rojo convoca a un sistema de gobierno en búsqueda de justicia ciega.

Entra aquí, un mundo de diatribas tecleadas en dos pulgadas de ancho, millas de procedimientos transcritos, reglas retorcidas, donde un martillo golpea el tambor que aísla a los que no tienen, según la ley, de los que tienen.

Aquí, en un caldero fangoso, hierven los enfermos mentales, los criminales, los que sufren de la fuerza policial, mientras que los habitantes suburbanos desvían la Bastilla como criptas de granito—cárcel diaria— donde en su mayoría hombres, en su mayoría negros y latinos, esperan su día sobre la niebla.

Yo, a rayas y con maletín, entro en su rotonda de mármol, paso tribunales, baños empapados de Lysol, un pasillo hasta una puerta de roble, sin ser visto como el hombre invisible de Ellison.

Pido al carcelero que ponga su mano sin callos detrás de su trasero gordo y busque una cadena con una llave para girar la cerradura que abre la puerta, a través de la cual yo, el último emisario del mundo superior, comenzaré mi descenso.

Las pupilas se dilatan a la vista del tramo de escaleras de piedra desgastadas que caen como un embudo y desaparecen en un miasma dickensiano de oscuridad.

El aire se espesa en una fosa negra de alcohol, orina, heces, vómito.

El agua gotea en catacumbas rancias, el hierro bordea el techo de concreto hasta el piso.
Uno sostiene un coro de hombres.
No hay música.
Un solitario asesino, un borracho.

No hay lugares libres.

Me asomo a una celda sombría donde en un banco de listones, como el Pensador, un prisionero solloza en una sala de espera para vidas acabadas, pálido, sin afeitar, con los ojos enrojecidos, un cuerpo se desploma en la auto-destrucción.

Miro mi libreta forrada.

Una flecha verde marca un punto negro cerca de la dirección del hombre:

Estoy atónito.

Agarro los barrotes.

Él mira.

Soy yo.

SALA DE INSTRUCCIÓN DE CARGOS

Testigo estéril, virgen, de la vida vicaria,
que da testimonio;
que dirige la espada,
que equilibra la balanza,
que mueve la pluma del jurado,
encima de un púlpito de roble,
las horcas que advierten la mañana,
los transeúntes con olor a viejo,
la suciedad del piso de mazmorra
donde las putas,
con alma perforadas,
yacen desnudas,

el portador de una quincena de terror,
de borrachos, de drogadictos, de violadores, de vándalos,
barras de acero debajo de la mesa,
delante de quien,
enjuicia antes del mediodía, jueces
y abogados,
el fiscal,
cuyo letargo burocrático reparte las súplicas,
acuerdos para necesitados,
cuyo crimen es que no tienen
nada que ofrecer,
miserables por defecto,

víctimas de nuestras búsquedas,

para purgar de la vista nuestros excesos,
para reducir la vida a las astillas de nuestros miedos,
para ver la justicia

aplicada.

EL INOCENTE

La riqueza empapa los labios
de los que no tienen nada,
mientras aplaudimos
intenciones que yacen
en los puños que
protegen la opulencia,
eso que los burgueses derraman
sobre la clase media,
como excremento
para multitudes pérdidas,
que persisten en una llanura
mancillada por déspotas
industriales,
enceguecidos
por un lujo obsceno,
pero no el ojo de la ironía,

—esperanza en la humillación de la miseria —

de la deuda que navega distancias telescópicas
de desesperación,
para ir más allá de la pena,
para absolver el poder,
para perdonarles,
por la inequidad de la avaricia.

ABOGADO DE LA COSTA DEL GOLFO

Tres en punto, encorvado y cansado de aplastar cucarachas y ratas, ataques críticos y absurdos, movimientos temerarios y mantras de jueces y jurados, un final sangriento para aquellos que pagan las facturas.

Un bloc de notas Amarillo de líneas azules yace inclinado sobre una hoja de papel secante manchada de tinta verde. Él levanta su bolígrafo de sus garabatos, de modo que los clientes puedan dormir enrollados en camas de plumas, y los enemigos puedan caminar de noche sobre la cornisa.

La silla se balancea holgadamente, él contempla junto al océano, un rayo a miles de yardas de distancia, la niebla rodando, por encima una cadena golpetea contra el motor que mueve el ventilador para mantenerlo fresco.

Pronto una ola despiadada, rasgando la depresión tropical, irrumpirá, pero ahora, después de secar el sudor de su frente, él convierte las declaraciones en diatribas, creando tormentas de tinta para repeler las cucarachas, las ratas y los ataques.

GRADUACIÓN

No me había dado cuenta de que esas largas tardes de juventud habían quedado atrás
de ti, de mí, de nosotros,
hasta que te vi,
con sombrero y vestida,
entre una maraña de rostros inmaculados,
masas parloteando,
las últimas cosas que quedaron sin decir antes de la bendición trajeron silencio,
palabras sabias de un altavoz,
procesión en fila,
un apretón de manos,
un título universitario,
antes de la larga sombra de nuestra separación.

Sentí la energía de las vidas alegres,
y la amenaza de hechos calamitosos
y pérdidas imprevistas.
Antonio,
el hombre con el que saliste,
se hizo médico,
siguiendo los pasos de su padre.
El chico de corbatín con el que flirteabas
se casaría contigo en una gran boda.
Y algún día te divorciarías
y el amor se trasladaría hacia
el reino de lo imaginario.

Pronto enfrentaría mi propia tormenta
que extendió mis límites para liberar a un hombre acusado de asesinato,
para dar sentido a por qué los prisioneros de guerra
fueron dejados para morir,
para explicar por qué la locura
llevó a un boxeador de clase mundial a golpear a inocentes
en el olvido.
Y, en vez de orar a un dios
en busca de sabiduría, me escapé en una noche
de sombras oscuras,
que no tenían ojos,
esquinas que no tienen recuerdo.

¿Cómo pude contarte la manera en que los secretos,
la incertidumbre,
y la confusión colonizan la mayoría de los destinos?
¿Cómo pude decírtelo,
mientras encogías tu piel de cordero,

mientras que tu birrete navegaba en una ráfaga de viento?
¿Cómo pude decírtelo,
mientras dejaba ir lo que amaba,
mientras sujetaba rápido la sombra de aquellas largas tardes de juventud que habían quedado atrás
de ti,
de mí,

de nosotros?

SOMBRAS IGNORADAS

La fábrica de ropa HSM de Dhaka

Viajé en un avión de pasajeros desde NYC
que me dejó
en Dhaka y en una limo que me llevó

a lo largo de millas ensombrecidas,
iluminadas por una luna plana,
tramos de lámparas de manteca
y vagabundos envueltos en sábanas de algodón.

Yo pensaba sobre el negocio
- una tienda en el interior –
mujeres en saris bermellón y blanco.

Me quité mi chaqueta, la de lino
con etiqueta HSM
y cerré mis ojos.

A la mañana siguiente,
recorrí un sendero hacia la tienda,
donde las mujeres, con las frentes manchadas

por el hollín de la bendiciones,
demonios, inoculaciones,
esperaban para cambiar telas por rupias,

los niños corrían, orinaban y saltaban
desnudos en el agua estancada.
Mendigos hurgando entre montones de basura.

Un hombre de túnica jaló
las riendas de un caballo encorvado
cediendo el paso a tres vacas.

Mi sombra se proyectó contra la carreta,
donde los cuerpos envueltos en lino blanco
esperaban tranquilamente una pira funeraria.

Al final del día viajé

en un avión de pasajeros desde Dhaka
que me dejó en NYC y en una limo que me llevaba
a lo largo de millas iluminadas por una luna plana,

a través de tramos
donde vi las ventanas de la Quinta Avenida
con maniquíes envueltos en algodón fino.

Yo pensaba en el negocio
- una tienda en el interior –
donde se había agotado el hilo de lino,

me quité mi chaqueta de lino,
con la etiqueta HSM
y cerré mis ojos.

PADRE E HIJO

¿Dónde escuchó el rugido del oso,
el chillido del águila,
respirar en el útero que lo nutrió;
antes de salir por primera vez
de la caverna oscura,
caer en un espacio externo para juguetear
a través de valles de lágrimas, días, semanas, años,
antes de separarse como la hoja,
para caer desde un árbol,
brazos extendidos,
para abrazarme?
No, la mentalidad
extraña,
su propia libertad,
un lugar
donde
no
puede
ser.

UN RIFF DE OCHO BARRAS

Las manos suspendidas sobre el negro y el marfil de las claves,
el índice derecho cayendo en un primer sonido,
B sostenido.
Subo y presiono las notas en sucesión –
un tema de blues, improvisado –
un tren inverso de tensión pura.
Continúo,
un paso progresivo,
octava media,
una réplica repite lo primero –
escucho un retruque -,
tan irresoluto como puede ser,
y presiono tres notas adyacentes,
una disonancia cruje,
yo veo,
he entrado lo suficiente,
pero ahora debo encontrar,
una manera de salir,
arriba o abajo,
un descenso a mis sueños audibles –
sintiendo el blues que no existe en el retruque –
pero que se transpira –
una resolución para perforar el ánimo,
para suspender la línea efímera del tiempo,
ritmo, la armonía unida a la razón y a la resonancia,
sonido improvisado,
el riff que suena en las cuerdas de mi mente.

CONTAGIO

La tecnología haciendo metástasis, destruyendo la franja terrenal de la naturaleza, subyugando a los humanos al cinismo de la vigilancia, interceptando sensibilidades para alimentar un río infinito de unos y ceros socializados, para suplantar amigos y seguidores mediante algoritmos falsos, para mecanizar el orden militar sobre ciudadanos obedientes a las leyes. Lexicones que emergieron para lidiar con la calamidad: metadatos, Fail Whale, Bomba Google, Sitio Chocante, Troll, Facebook, prescripciones médicas electrónicas, reconocimiento facial... drones en busca de criminales, medicinas robotizadas de multinacionales, los bancos y el sistema educativo convenciendo a las masas de que la digitalización es un lugar abundante, contenido, más seguro, mientras las fuerzas incorpóreas de la computación arrebataban el poder sobre la elección:

ya sea cultivar o buscar comida, hacer la paz o la guerra o salvarnos de un derretimiento catastrófico.

Nos arrodillábamos a la maquinaria automatizada o nos arriesgamos a morir fuera del sistema. La alquimia de la I.A y la ideología dividían el país entre los que tienen y los que no tienen, izquierda y derecha, creyentes y ateos. La libre expresión colapsó bajo pensamientos corporativos, llamadas ideas innovadoras conformadas para normas recién hechas, que en las manos de la soberanía controlaban una ruta con peaje que remplazaba las autopistas antiguas. Las acciones se medían en bits, bytes y dólares.

Me ahogué en éter electrónico.
Me quité la máscara.
Elegí vivir fuera del sistema,

donde el aíre era silencioso,
donde la naturaleza me deja escuchar la electricidad de mis propios pensamientos.

DORMIDO EN EL VOLANTE

Conduciendo a casa desde un musical

El pito sonaba con estruendo,
Todo atascado,
Excepto por el péndulo
Que bailaba
Un pequeño zapato de bailarina
Colgando del espejo,
Como una bandera amarilla ondeando,
Carros a lo largo de la saliente,
El ánimo creció cuando aparecieron las llamas
Y luego la explosión que arrojó
Un zafiro misterioso, una erupción de
Gloria de una estrella colapsada.

ESPÍRITUS EÓLICOS

PANTEÓN DE WANAGITIPI

A lo lejos aparecen villas diminutas como matrices ordenadas de fichas geométricas, estática, sin olor y sin color, que en una inspección más cercana revela una pulsación, al tiempo que la gente y sus máquinas avanzan por las carreteras, los senderos y negocios, en un flujo de lo que llamamos vida ordinaria. Desde un ángulo un poco distinto vemos una variedad de actos: desde la suposición tranquila de la civilización hasta el caos de la guerra, la política y la lucha insistente de la humanidad por encontrar un lugar y controlar los elementos de supervivencia. Si miramos de nuevo podemos ver los genocidios que con frecuencia ocurren a las poblaciones más indefensas del mundo.

¿Qué tan cerca estás dispuesto a mirar?

Si ajustamos nuestra vista y miramos el paisaje más de cerca, sentimos las pasiones, los miedos, las crueldades y la compasión que albergamos y vivimos diariamente. Y si llenos de coraje miramos un poco más cerca, entramos en una zona de intimidad que dos personas comparten: una caverna de secretos, de desnudez, de sexualidad con sus obsesiones aborígenes, sudor, olores, privacidad y amor. Y cada percepción no significa algo, a menos que nos incluyamos a nosotros mismos en cada una de estas escenas.

Este es el nivel de nuestra intimidad en estas descripciones que da significados a lo que vamos a saber y a quienes somos.

DEJAR IR

Nuestro destino detrás de nosotros: amores, pérdidas,
en el tiempo que producimos el trabajo misterioso, inacabado.

La TV bufa motas de nieve gris;
se acabó el espectáculo, nada se mueve en el interior.

Afuera el destello de la mañana con gansos salvajes,
graznando sobre campos baldíos, árboles estériles en el horizonte.

Nos preguntamos si hemos cambiado el mundo
de formas que no podemos comprender.

El CRT no traza altibajos;
el pitido también se detuvo,

sólo siento el latido entre nosotros.

Papá y yo hemos terminado este momento juntos,
sin responder nunca la pregunta.

ENTRE ETERNIDADES DE LUZ

Aquí Nosotros Comenzamos

Al inicio de los tiempos, cuando
la luz mutaba en vida, cuando
la convergencia cósmica
del H2O formó y convirtió
billones de años en armas
inestables,
protones codificando moléculas en proteínas,

proteínas a órganos sensoriales,
un eón a la siguiente época,
de la ameba al simio,

configurando un cerebelo para escribir
complejidad, transmitir,
escuchar,

para envolver a lo sobrenatural en la banda
de los universos enterrados en su interior,
cuando nos enteramos que crecemos erectos,
envejecemos y desaparecemos,

como los troncos desprendiendo hojas,

alimentando a la Madre Tierra,
para la próxima generación,
cuando los brotes verdes rompan la tierra,
en primavera, un nuevo anillo,
y con la última fuerza—temple—

yo emergí,

un parpadeo que la imaginación llama ser,
que se enfrentó a la fe que había que
comenzando y yo pertenecía,
sin embargo, no tengo ningún recuerdo de mi nacimiento y
moriré sin recuerdo de mi muerte.
¿Qué pasa en el intermedio,

mi vida,

la piel derramada,
trenzas no tejidas,
tumbas profanadas,
niños nacidos?

¿Cómo sé que existo?

Puede que esté vagando en un delirio,
teniendo eventos desconectados cada
noche,
interumpidos al amanecer,

un sueño que carece de testigos
de lo que había antes,

un sueño que anhela ser reconciliado

con la verdad, verdad que reconstruye un pasado
a medida que pasa- quíen soy y por qué mis hijos y yo hemos sido puestos para tejer y
atar,
para saltar y soñar

hasta que la construcción cósmica de H2O

se disipe,

cuando los protones que codifican moléculas a proteínas,
proteínas a órganos sensoriales se evaporen,

cuando de nuevo,
nos transformemos en uno
con la luz omnipresente,
a la que rendimos
homenaje
a través de nuestra poesía.

PASANDO EL TIEMPO

Tjader bongos, Desmond sax, Brubeck teclado, Latin Jazz sonando en el steri-eri-o...

Mi corazón se detuvo. No fue la música. Un bloqueo cardiaco de tercer grado – medio latido.

Días después, mis ojos brillaban en una glorieta con médicos vestidos de blanco,

un vídeo en movimiento que muestra mi presión, el pulso, mis ritmos:

cables anidados de ratas, tubos, una caja con un LED parpadeando,

un marcapasos portátil conectado en mi muro auricular derecho,
una máquina de circulación, un Alla Breve,

una bolsa plástica transmitía medicamentos a un tubo que continuaba su camino hacia el pozo rojo de mi metrónomo,

el corazón se detuvo a medio latido, pero el tocadiscos giraba, giraba y giraba

Tjader, Desmond, Brubeck, no se perdieron ni una pizca.

ÚLTIMO VIAJE AL HOSPITAL VETERANOS

La sombra de las cinco se arroja sobre VH,
Bullhead Memorial Park; en el fondo,
las Sandias mantienen su cita con el sueño,

dijimos nuestros adiós. Yo aprendí el camino a casa,
aquel que él se negó a abandonar,
incluso cuando sabía que moriría, si se quedaba.

Entré en el sótano, su abovedado escape
del mundo infructuoso,
donde ardía una lámpara de cincuenta vatios,

pero los afectos nunca se iluminaron,
nuestro negocio era hacer creer,
el Erector construye cosas imaginarias,

una bobina con una plomada
enredada en el recodo de un soldado de plomo,
una medalla de buena conducta,

una insignia de infantería de combate,
pérdida en el hollín de seis décadas.
Habíamos establecido una ruta a Santa Fe,

para dar la vuelta alrededor de nuestras ciudades de cartón,
con gente plástica iluminada por un sol incandescente,
donde nunca hablaban de lo que habían visto,

lo que habían hecho;
la forma en que fueron tocados por la guerra,
donde la verdad inevitable de la vida apareció,

no lo que permanece enterrado en el polvo entre nosotros,
sino que un día vendré a casa a decirle,
que lo amé,

antes de apagar la luz.

GORRIONES Y RATAS

Nosotros no configuramos los relojes de acuerdo a las estaciones, o a la manera en que gira el planeta, nuestras vidas comprenden sus propios mundos; mundos que giran, circulan y viven sus propios periodos, salvaguardan eso que llamamos eternidad y donde existimos de manera inmortal. Quizá allí es donde conoceré a mi padre. Con su muerte, acontece una vida para mí también; tiempo suficiente para aprender que no fuimos diferentes a las creaturas con las que compartimos la tierra. Gorriones, ratas, cucarachas, todos nacen de padres, crean retoños, viven y mueren: la definición de una máquina natural. En nuestro caso llamamos a eso ser humano, un aparato biológico que vence los impedimentos para producir las cosas esenciales para la supervivencia (ni más, ni menos). Mientras vivimos, avanzamos contra un revoltijo infinito de obstáculos. Sólo nos diferenciamos de otras formas de vida y entre nosotros en la lucha personal para voltear, revolver y empujar cada día hacia dentro y sacar cada día, una y otra vez.

Lo que sacrificamos en nuestro esfuerzo, los prejuicios que albergamos mientras cambiamos,
lo que demoramos en cambiar y avanzar otra vez contra la siguiente barrera en la fila,
lo que consideramos como nuestros límites (reales o supuestos) y cando decidimos dejarlo todo, esto nos separó de todas las criaturas.

Este ritual poco ceremonioso nos convirtió en quienes fuimos.

RÍO INEXPLORADO

Remo mi gabarra a través de canales cada vez más estrechos con la cadencia de un bulto que sale debajo de un pecho hundido que una vez se pavoneaba por las playas en verano -como Charles Atlas.

Todas las épocas primitivas han pasado, incluso la edad media.

Abandonado, los amarres de mi cuerpo están a la deriva. ya no soy el capitán de mi destino, sino yo, el último miembro vivo de la tripulación a quien todavía le importa saber:

¿En qué dirección sopla el viento, el punto de la brújula o el flujo del agua?

ROMPIENDO LA CINTA

Coloco mis pies en el estribo.
¡Listo!
Posición de tres puntos,
las caderas inclinadas hacia el frente.
¡Set!
¡El disparo!

Me impulso hacia delante,
Parpadeo,
La imagen de unos pezones hundidos,
un cráter esquelético en el pecho
que ya no se confunde con la dureza de antaño.

Miro atrás y diviso
que tan lejos han quedado
rezagados los jóvenes,
nunca podrán pasarme
ahora que he cruzado
con mis rodillas huesudas
la marca de setenta metros.

Levanto mi cabeza calva en forma de domo
A la corteza de una antigua luna
Que me ha seguido,
En toda su geometría,
Desde mi nacimiento.

¿Acaso pude cambiar lo que importaba
cuando el mundo estaba envuelto alrededor de mi dedo?
La luna ilumina mis pasos cojos
Y evade la respuesta con una pregunta:
¿Terminarás la carrera?

Yo romperé la cinta
sabia luna, lo prometo,
pero dime,
¿hay más carreras
más allá de la línea de llegada?

Sin oír respuesta, miro arriba,
Veo la sonrisa amplia de la luna.

EQUINOCCIO DE OTOÑO

Me senté sobre el muelle sintiendo el otoño.
Sólo cuatro meses atrás,
amontoné las hojas del año pasado en espera de un verano caliente.
Nunca se materializó.
Sin embargo, sigo esperando, la frescura de septiembre
Se ha negado a dar un toque amarillo a las hojas.
Ahora, disfruto de la quietud
que esconde el paisaje del lago
cuando los navegantes y pescadores se retiran.
Escucho un crujido y mi nieta
corre hacia mí.

Ella tiene algunas preguntas.

Soy el hijo de unos padres, el padre de unos hijos,
esposo.
Soy las personas que me han forjado.
Soy los eventos que me han doblegado.
Soy mi viaje,
incompleto hasta
que el invierno llega,
cuando los árboles son empujados
y disfruto de la quietud.
Cuando ninguna pregunta
queda sin ser hecha.
Aunque muchas no tendrán
Respuesta.

OVALO INFINITO

Sobre el horizonte de la infinitud yo, una luciérnaga entre galaxias que recorren números incontables de sistemas solares que engendran planetas, aquellos que se dividen entre el mar y a tierra, entre las tierras bajas y las tierras altas, que construyen proteínas con líneas germinales que fertilizan los úteros de madres, que dan vida a clanes cuyos comienzos ordinarios se repiten en retoños nacidos en su mundo como niños robustos que se convierten en hombres fornidos y mujeres de grandes pechos, que toman lo labrado por sus padres, una generación a la siguiente, que llegan a la mediana edad cuando el rostro se vuelve arrugado y demacrado, y el cabello castaño se vuelve gris plateado, cuando lo conseguido se vuelve pesado en proporción con los años, cuando el rostro se angosta, los dientes desaparecen, los huesos se doblegan, los ojos ven sólo sombras labrando en un valle de hombres jóvenes y sus mujeres pícaras se marcharon para procrear interminablemente labradores para impulsar ese ovalo infinito, de modo que la tierra gire en el sistema solar, que gire en el cosmos de las galaxias, para que yo, una luciérnaga, pueda titilar, aunque sea una vez.

PLANES PARA LA VEJEZ

Despertar antes del amanecer. Escuchar el silencio de la mañana. Escucharlo transformarse en lluvia. Escribir a mi padre muerto. Deslizar los diplomas-nunca colgados-en las carpetas del archivo familiar, entre la verdad y el recuerdo.

Abrir un paraguas. Caminar junto a la orilla. Escuchar las olas. Arrepentirse. Arrepentirse por no haber arreglado el tejado. Arrepentirse de tener miedo a las alturas. Lamentar los amores defraudados. Los amigos que dejé ir.

Dejar pasar el pasado. Al mediodía levantar mi cabeza calva hacia el sol. Sentir su calor. Barrer la escalinata.
Pasar tiempo con el gato. Sentir su ronroneo. Llamar a mis hijos. Conocer su lucha. Cultivar rosas. Decir a mi mujer que la amo.

Poner lirios a la tumba de mi madre.

Escuchar a mi cuerpo para encontrar otro punto de equilibrio. Escuchar a los niños riendo, el timbre sonando. Descartar los zapatos viejos. Dar mis viejos trajes a un centro de acogida. Y mis relojes, a los amigos que necesitan saber la hora.

Hacer espacio. Dejar de hacer listas.

Encontrar el suéter que ella hizo, evitar el frío. Esperar a la luna creciente
para mirar por encima del sonido.

Trazar la silueta de su sonrisa.

Preguntar como un niño.
Preguntar donde van los sueños.
Preguntar a dónde ir desde aquí.

NUESTRO LUGAR EN EL AGUA

Vinimos de las profundidades del mar,
para sentarnos en el muelle a ver las estaciones pasar, una tras otra.

Nos maravillamos en el chisporroteo de los amaneceres
y los atardeceres mudos,
las olas que trajeron a nuestros hijos.

Vimos a los devotos del sol y a los amantes dispersarse en la arena,
vimos barcos nuevos llegar al puerto,
a los viejos navegar, para no volver a verlos.

Decidimos quedarnos en el mismo lugar,
en un silencio que se cierne sobre el pescador,
que haciendo equilibrio sobre el muelle, espera atrapar un pez grande.

El rugido de la vida se ha suavizado
hasta convertirse en un centelleo apacible
en el que nos reflejamos,

pequeñas gotas que,
bajo un orden superior,
vigilan el océano,

a pesar de las noches llenas de estrellas o tormentas,
como marineros robustos doblados por el vendaval de la vida,
nosotros erosionamos todo,

donde esperamos el invierno incierto,

cuando la costa se transforma en un lodo helado,
cuando la marea baja,
cuando las gaviotas se marchan a la otra orilla,
cuando sabemos que habrá llegado el momento de volver al mar.

LA VIDA ENTRE LAS LÍNEAS DE LA POESÍA

A lo que me he comprometido en vida,

lo concluiré en la muerte, el estado final
de autorrealización imaginada,
un desvanecimiento demorado hacia
la irrelevancia,
desde la fugacidad,
el amor de una familia,

las muertes de aquellos que vivieron
a través de mí,
un lamento de reconocimiento,
posición, campañas pérdidas,
y en retribución
habría ofrecido poco.

Yo triunfo en mi imperativo
evolucionario existencial: sobrevivir,
luchar por un salario,
a veces perdido en
el subterfugio que llamaba vivir,
pero siempre con el fin de ver la luz del día.

Ahora, el camino a seguir se atenúa.
Yo sigo a mi padre hasta su tumba.
Todavía busco posibilidades,
pero adelante la oscuridad converge,
las cenizas que una vez iluminaron
mi camino apenas se iluminan.

Me muevo invisiblemente a través
de un tiempo amorfo;
como el ámbar,
mi interior está revestido
entre las líneas
de la poesía.

FINAL DE LA COSECHA

El final de la cosecha,
cercano el equinoccio,
el cielo plomizo que sin sentido cubre los días,
el margen de lo que quedó atrás,

lo que yace delante,
la estación para pensar en el ganado
que alimentar,
que sacrificar,

que gansos desplumar,
vender,
el tiempo de recoger bayas,
de cazar pavos salvajes,

de ver a los pájaros correr al sur,
de respirar ramilletes de tarta y mermelada,
de llorar las margaritas que se marchitan en el jarrón,
de esperar la ingravidez de la primera nieve,

de escribir en el advenimiento de las vela
cómo vivimos,
para qué vivimos,
y preguntarnos

si la cosecha regresará otra vez.

ILUSIÓN DE VOLVER A CASA

Mi reloj marca las cinco y treinta-

una luz naranja comienza a llenar el cielo medio ennegrecido.
Es el sol saliendo como una vez contó la voz de una madre.

Yo trabajo duro bajo el sol abrasador hasta que mi reloj lee las cinco y treinta, pero por ahora su fuego me llena por el oeste.

Tengo la ilusión de donde empecé, en el espacio por encima de mi cabeza, hace cuarenta mil latidos del corazón,

el tiempo que toma a billones de terrícolas comer, defecar, morir,

o aullar a la luna sobre China.
Estrellas colapsadas,
galaxias que nacieron,

sin embargo, las cosas parecen iguales,
si ignoro el gorrión cayendo a través del cielo,
el pez atrapado en anzuelo,

el viejo que esperó ocho años para ser atropellado
por un bus.
No estoy únicamente en otro tiempo,

estoy en otro lugar desde el cual abordé
esta mañana,
hace ochocientas mil millas,

lanzado a sesenta y siete mil millas por hora,
como un arco,
y a doce horas desde ahora,

antes que la curva perpetua de mi planeta,
que rota a doce mil millas,
me lleve al amanecer,
como dicho por la voz de una madre.

Cambiando las vistas para un soñador de lluvias de estrellas, un guardabosques que tala árboles, un granjero que cultiva maíz... yo, tu, nosotros, ellos, Gandy-Dancers, caminantes fortuitos que transportan la ilusión de donde estamos.

O, si arrojaba de un lado a otro del espacio, creo que sigo de pie, entonces, ¿qué es verdad?

¿Y acaso importa?
Un meteorito cae porque mis ojos dicen que es así, un perro ladra en la puerta vecina,
o el silbido de un tren me llama en la noche,

mientras sus piernas se aprietan alrededor de mi cintura. Yo vivo con certeza-,
escapando de mis ilusiones,

a través del éter del reloj mental,

y qué si nunca vuelvo a un lugar llamado hogar, como dicho por la voz de una madre.

Y, ¿qué importa que todo lo que he vivido fuera una ilusión?

DETRÁS DEL ACERO

El destino, mi destino, tu sombra plateada nubla la visión de ella en la pradera y despierta el espíritu de los fuertes vientos que anhelan el día; las nubes que pasan permiten que el sol caliente el aire de mi valle, que se derrita la nieve que cubre las bayas y las huellas de conejo, que graba dentro de nuestras mentes frágiles el reloj que cuenta los microsegundos que vivimos nuestras vidas en dolor, para nunca sentir los minutos fugaces que pasaban las horas que observaban a los amantes envejecer invisiblemente, recordando el ayer, cuando creí que nos habíamos encontramos de nuevo en la primavera, en el verde, donde sentimos la emoción de la llamada de la naturaleza sobre esta llanura, sobre este lugar, el escenario de nuestro amor, un amor que mantuvo el rumbo y por el que vivimos y nos transformamos y seguimos sermones, hasta que vislumbró que la vida es un círculo que termina donde ha comenzado, un círculo sutil tejido lentamente, una hazaña insuperable para ver los cambios escritos sobre la arena, la arena que cabalgaba sobre las olas del movimiento armónico de la vida, sueños convertidos en sueños por los que he medido mi vida, los sueños que quise vivir de nuevo.

Ahora dormimos en diferentes mundos que no comparten la noche, aquella que una vez pintó auroras y selló nuestra unión bajo los ojos de Dios, quien tiene la voluntad de conquistar el destino, pero quien no comprendió que ni siquiera él podía conceder un deseo final a una criatura desesperada, reticente a aceptar su destino. Mi alma para aquel que me lleva a ti para capturar tu destello sobre los rayos de luz que explotaron mi vida, de luz que descubrió mis sueños, los sueños suspendidos más allá del dominio del tiempo, suspendido más allá de las realidades de las estrellas silenciosas y lágrimas de plata, de planetas pintados y años mudos del destino, mi destino.

INMORTALIDAD

Creo en mi inmortalidad porque soy inseparable e infinito en el tiempo y en el espacio. Soy insignificante porque soy incontable en el universo, no obstante, significativo porque he aprendido a hornear, oler y saborear el pan de mis antepasados. En este ritual, he sido testigo - sin cambiar nada - de la naturaleza de todas las cosas.

AGRADECIMIENTOS

Mi gratitud para aquellos que me han ayudado a convertir este libro en un éxito mediante su inspiración y sugerencias. Primero a John, mi abuelo, quien puso la poesía en mis venas a través de poemas que él bosquejó casi un siglo atrás. A Lucy, mi madre, cuya poesía siguió en los pasos de su padre, a mi traductor Javier Zamudio.

Los poemas aparecen en: County Road 80, in Manifest West (University Press of Colorado, otoño 2014); Mobius Strip, en FLARE: The Flagler Review, (primavera, 2014); A Registered Letter en la antología Proud to Be: Writing by American Warriors, Volumen 2, Consejo de Humanidades de Missouri, Warriors Arts Alliance, y Southeast Missouri State University Press(2013). Side Road (antiguamente, The Road Home) finalista del

Esurance Poetry Prize, 2012. Naught, Zero, A Cipher, en una forma alterada en We Were Beautiful Once, Chapters from a Cold War, (Sunbury Press, 2013). Louvemont- Côte-Du-Poivre en una forma alterada (antes Iles De La Madeleine), en A Deadly Fog (2003).

www.ingramcontent.com/pod-product-compliance
Ingram Content Group UK Ltd.
Pitfield, Milton Keynes, MK11 3LW, UK
UKHW041925190726
13854UKWH00003B/1445